LA BOMBONERA LIBRO DE ORO

Textos:
Mariano Caruso

EDICIONES Lea

“Le agradezco a Dios
que haya creado
la Bombonera”.

Diego Armando Maradona

La Bombonera es un mito. Ya no es solamente un estadio, un monumento, un edificio característico de la Ciudad de Buenos Aires. Es un símbolo, una clave, un lugar donde se sustenta la cosmovisión de un pueblo. Son pocos los espacios míticos. Menos todavía los estadios que se transforman en mito. En Sudamérica sólo hay dos. Uno es el Maracaná, en Brasil; el otro es la Bombonera, en La Boca. Hasta la Bombonera llegan, como una suerte de meca del fútbol, visitantes de todas partes del mundo. De ella se dice que presenciar allí un partido con el clásico rival es el evento deportivo más importante que hay que ver antes de morir. Se dice que tiembla, y mejor aún, se dice que late. Cómo se constituyó la Bombonera como espacio mítico. Qué hizo que ese lugar fuera distinto a todos los demás. Parte de la respuesta está en su historia que, como en los mitos, está plagada de hechos prodigiosos que construyeron sus héroes y sus dioses. La otra parte, más inasible por su condición de inexplicable, hay que buscarla en la pasión, en el amor desbordante de una hinchada que supo ganarse el mote de jugador número 12. Amigo lector, amigo hincha, te propongo la aventura de sumergirnos en la historia de la construcción de ese mito. Porque conocer el mito es también conocer parte de nuestro origen, de nuestro pasado y nuestro presente y, en definitiva, de por qué somos lo que somos.

Antes de Nacer

Esta placa es la única referencia actual del estadio que Boca tuvo en Wilde.

Desde la creación del club, el 3 de abril de 1905, el sueño de la cancha propia fue una obsesión que demoró más de dos décadas. Hijos de italianos al fin, la casa propia era el sueño de cada inmigrante bajado de la panza de un buque en busca de mejor fortuna. Y para los incipientes boquenses cuyo club estaba asomando, la cancha propia era el lugar donde cobijar esa pasión naciente, ese sentimiento colectivo que, en el nuevo terruño, les daba un sentido de pertenencia. No tenerla era una afrenta, una falta decisiva, un motivo para que los hinchas de los otros clubes los miraran por encima del hombro, como despreciando. Qué era un club sin cancha. Poco menos que nada. Apenas un ramillete de desclasados que la emprendían a patadas en terrenos ajenos. La primera cancha fue casi un potrero, un terreno baldío que estaba ubicado en la Dársena Sur, en la manzana de las calles Pedro de Mendoza, Colorado (hoy Agustín Caffarena), Sengüel (hoy Benito Pérez Galdós) y Caboto y que pertenecía a Independencia del Sud, equipo del que salieron varios de los fundadores de Boca y que también serían, al mismo tiempo, los primeros jugadores del xeneize. En aquel terreno sin rastros de pasto, los arcos de madera no tenían travesaño y mucho menos redes, y las líneas de fondo y laterales quedaban libradas a la imaginación de los *players* de la época. Allí, un 21 de abril de 1905, Boca Juniors jugó el primer partido de su historia contra La Asociación de Foot Ball Mariano Moreno. El equipo, con camisa blanca de finas rayas negras, formó con Esteban Baglietto, quien era al mismo tiempo presidente de Boca, José Farenga y Santiago Sana, quien le había dado el nombre definitivo al club apenas unas semanas atrás; Vicente Oñate, Guillermo Tyler y Luis De Harenne; Alfredo Scarpatti, Pedro Moltedo, Amadeo Gelsi, Alberto Talent y Juan Farenga, otro de los miembros fundadores quien tuvo además el honor de haber convertido el primer gol de la historia del club. Esa tarde fue triunfo y goleada xeneize por 4 a 0.

El palco de estilo inglés y una de las tribunas del viejo estadio.

Página opuesta: Primer equipo de Boca Juniors de 1906.

En sus primeros tres años de vida, Boca fue creciendo y participando de ligas barriales hasta que, en 1908, se afilia a la Argentine Football Association. Todo se hacía más serio para el club; por entonces contaba ya con más de 200 socios y era necesaria una cancha a la altura de las circunstancias. En la Isla Ingeniero Huergo, en un field lindante a la carbonera Wilson e hijos, Boca tuvo la primera cancha que se parecía a una cancha: un terreno nivelado y delimitado con cal, arcos con redes (cosidas y donadas por los pescadores del puerto), una pequeña tribuna de madera y hasta una casillita de chapa que funcionaba como vestuario. Allí, el club jugó su primer campeonato. Pero el terreno, que era prestado, fue reclamado al año siguiente y Boca debió mudarse a uno que le cedió el gobierno nacional, en la Isla Demarchi. Por entonces, los xeneizes ya habían ascendido a Intermedia, el paso anterior a la Primera División, y cada año sumaban más socios. Para 1911 ya superaba los mil y, a fuerza de triunfos basados en la garra y el esfuerzo, se había ganado el corazón del barrio de los genoveses en el que todavía convivía con los primos del River Plate. La rivalidad ya empezaba a asomar y por entonces hasta se organizó una encuesta para ver cuál de los dos clubes era el favorito de la Boca. El diario La Mañana se encargó de la cuestión y Boca Juniors obtuvo el 65% de las adhesiones. Así, casi desde los orígenes, empezaba a construirse la leyenda de la mitad más uno.

Pero en 1912 sucedió un imprevisto que pudo ser fatal y definitivo para ese Boca en construcción. Un nuevo desalojo nos dejó sin cancha y otra vez

Desde su origen, Boca fue siempre "La mitad más uno".

vuelta a empezar. La llegada cada vez más nutrida de inmigrantes hacía que los terrenos baldíos del barrio y sus alrededores empezaran a escasear y el equipo estuvo jugando durante un tiempo en canchas prestadas. Hasta que, en 1914, la comisión directiva de entonces tuvo la poco feliz idea de trasladarse a Wilde, a más de diez kilómetros de la Boca y alquilar un predio donde construir su cancha. Los socios de entonces lo vivieron como una traición al barrio y respondieron dejando de pagar sus cuotas. De los mil quinientos socios renunciaron mil doscientos. Para colmo, en ese destierro auto impuesto los resultados no acompañaban y el equipo perdía o empataba más seguido de lo que conseguía un triunfo. No había caso: Boca Juniors sería de la Boca o no sería. Fue así que, dos años después de la desdichada odisea, se volvió al barrio.

En 1916, las tribunas de madera del estadio de Wilde fueron trasladadas a La Boca, y se armó la cancha en la esquina de Pérez Galdós y Ministro Brin. En esa cancha, en 1919, los xeneizes ganamos nuestra primera estrella y nos consagramos campeones de Primera División de la Asociación Argentina. En la década del 20, Boca comienza a constituirse como uno de los grandes del fútbol argentino ganando los campeonatos de 1920, 1923 y 1924 y 1926, además de ser declarado campeón de Honor en 1925, gracias a la

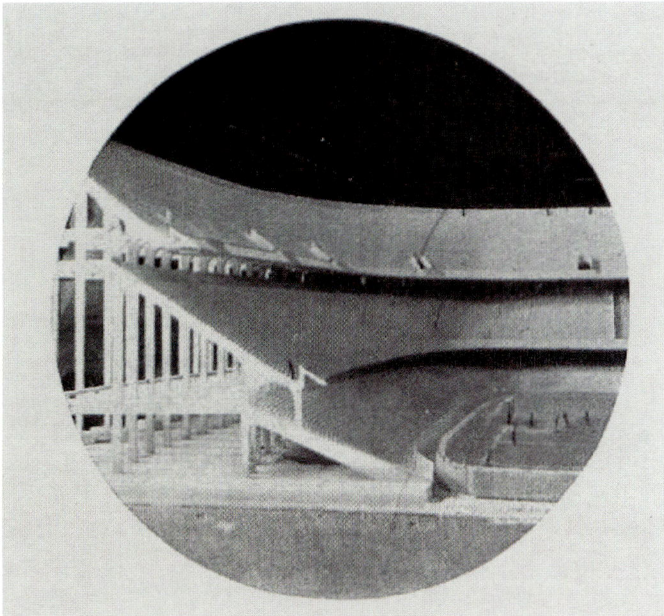

Maqueta de uno de los proyectos para la Bombonera (Año 1934).

exitosa gira que hiciera por Europa. Son los años en los que también surgen los primeros grandes ídolos como Pedro Calomino, quien maravillaba a los aficionados con una jugada novedosa para la época: la bicicleta. El centrofoward Domingo Tarasconi, con sus 192 goles, y un arquero imbatible: Américo Tesorieri. Por entonces, Boca pasó a tener 8 mil socios. Los primos del River Plate entendieron que no tenían mucho más que hacer en el barrio y se fueron, silbando bajito, a un terreno que consiguieron en Palermo, para nunca más volver.

Para 1922, Boca debió entregar a sus dueños el terreno de Perez Galdós y Ministro Brin. El club se quedaba, una vez más, sin cancha. Pero ya no era aquel

CARAS Y CARETAS

ACTUALIDADES

EL PRIMER TEAM DE BOCA JUNIORS A EUROPA

ENTUSIASTA E IMPONENTE MANIFESTACION DE DESPEDIDA

Américo Tesorieri, goal-keeper. Ludovico Bidoglio, back. Ramón Mutis, back. Mario Busso, centro-half. Carlos Antraygues, forward. Dante Pertino, forward.

Domingo Tarascone forward. Antonio Cerrotti, forward. Segundo Medici, half-back. Alfredo Carasini, forward. Carmelo Pozzo, forward. Cesáreo Onzari, forward. Luis Vaccaro, half-back. Manuel Seoane, forward.

Parte del público que acudió a la Dársena Sur a despedir al cuadro campeón del año 1924 de la Asociación Argentina. Fué una inolvidable demostración a los footballers viajeros, pues se calculan en veinte mil las personas que hicieron acto de presencia en el momento del embarque.

C. A. BOCA JUNIOR'S — SECRETARIA — BRANDSEN ESQ. DEL CRUCERO

Los dirigentes y foot-ballers del "C. A. Boca Juniors", en viaje hacia la madre patria, saludan por intermedio de la gran revista CARAS Y CARETAS *al pueblo argentino.*

Autógrafo de los jugadores dedicado a "Caras y Caretas", y obtenido en el momento de la despedida.

goal-keeper. Adelio Carboni, delegado. Alfredo Elli, capitán. Vicente Decap, delegado. Roberto Cochrane, back.

Una multitud acompañó al equipo de Boca antes de su partida a Europa (Caras y Caretas, 1925)

Toma aérea del viejo estadio.

de sus comienzos. Se había convertido, a fuerza de triunfos y de una hinchada fiel como pocas, en uno de los poderosos. Se necesitaba un estadio acorde para la época que nos tocaba vivir como institución. El club alquiló otro terreno, esta vez en las calles Brandsen y Del Crucero –que más adelante pasó a llamarse Del Valle Iberlucea–, Aristóbulo Del Valle y las vías del Ferrocarril Sud. Por entonces, nadie pensaba que sería el definitivo, tantas habían sido las idas y vueltas del equipo en esas dos décadas. Pero algo habrán sentido en su interior quienes comandaban al club en esos años, porque decidieron construir el mejor estadio que se pudiera hacer.

El 6 de julio de 1924, Boca inauguró, por fin, su cancha, que era en ese entonces la más grande y con más capacidad de toda la Argentina. Construida al estilo inglés de la época, íntegramente de madera, las columnas altas y finas, tenía un Sector de Honor techado en el cual los caballeros de galera y bastón presenciaban los encuentros separados de la multitud.

En la nueva cancha, que contaba con el reglamentario alambrado, y hasta un precario sistema de iluminación que entonces parecía de lo más moderno, cabían unos 20 mil espectadores. El día de la inauguración jugamos un amistoso con Nacional de Montevideo y ganamos 2 a 1. El acontecimiento fue de tal importancia para la época que hasta el presidente Marcelo T. de Alvear y sus ministros presenciaron la victoria en el Sector de Honor.

Fue una época de gloria para Boca. Parecía que al equipo no lo podía parar nadie. En esos tiempos llegó a estar más de tres años sin perder: desde marzo de 1924 hasta junio de 1927. Sesenta partidos invictos, un récord que ningún club alcanzó en la historia de la primera división. En 1930 ganamos el último campeonato del amateurismo. Era el fin de una era, el romanticismo daba paso al fútbol rentado. Hacía seis años que, en la cancha de madera de Brandsen y Del Crucero, Boca había construido su identidad y se había convertido en el club más popular de la Argentina. Los directivos de entonces entendieron que la cancha debía ser nuestra definitivamente. Nada de alquileres, nada de terrenos cedidos que nos reclamaban a los pocos años. Necesitábamos, de una buena vez por todas, la casa propia. Fue así que en 1931, Boca decidió dar el paso y compró el terreno donde estaba emplazado su estadio. Por dos millones de pesos de la época adquirió los 21.471 metros cuadrados del predio. La cancha propia era una realidad. Ese año, como no podía ser de otra manera, Boca se coronó campeón de Primera División ganando el primer campeonato profesional de la historia. Su estrella de entonces fue el gran Pancho Varallo, que llegó a meter 181 goles en 206 partidos con la camiseta azul y oro. Lo acompañaba otro gran ídolo de entonces, Roberto Cherro, apodado Cabecita de oro, y un centrehalf que sería venerado por los hinchas xeneizes: Ernesto Lazzatti. Con ellos, el club ganó los campeonatos del 34 y 35. Boca ya se había convertido en locura nacional. Tenía 25 mil socios y la cancha de madera que hacía apenas 10 años parecía gigantesca, empezó a quedar chica.

El Presidente de la República Marcelo T. de Alvear da el puntapié inaugural del viejo estadio en 1924.

El jugador Nº 12

El periodista y escritor Pablo Rojas Paz era amigo de Borges, de Federico García Lorca y de Neruda. Escribía cuentos y novelas y formó parte de la vanguardia cultural de los años 30. De su pluma se impuso la expresión "Jugador Número 12". En las hojas dispersas de un intelectual se escribió por primera vez esta denominación que iba a trascender los límites de la palabra para convertirse en una marca de fanatismo. Sí, fanatismo; porque no se trata de simpatizantes ni de ocasionales espectadores. Es La 12, la síntesis perfecta para definir al hincha de Boca: el que grita, el que empuja, el que hace de la Bombonera una fiesta; el que sabe todo y no olvida. El jugador N° 12 es pura pasión que se complementa con la fuerza de los once jugadores. El equipo en la cancha y La 12 en las tribunas es la ecuación perfecta para una alianza imbatible.

Rojas Paz escribía en la década del 30 en el diario ***Crítica***. Era la primera vez que un medio periodístico le dedicaba al fútbol una página entera cada día. Allí firmaba como El negro de la tribuna y allí escribió lo del "Jugador Número 12". Tal vez por estar enterado de la historia de Victoriano Caffarena, de su participación en la gira del equipo de Boca en Europa en 1925; él, Victoriano, el único hincha que se subió al barco junto con los jugadores, con dos dirigentes y con un periodista del diario ***Crítica***, rumbo al viejo continente. Era la primera vez que un equipo argentino "cruzaba el charco". ¿Quién otro sino Boca? Caffarena era un fanático; pero también era un niño bien, con una familia con campos en la provincia de Buenos Aires, gente con dinero en el bolsillo y él, también con dinero y con el alma pintada con dos colores. Fue su familia quien financió en parte el viaje del equipo y, a pesar de la resistencia de sus padres, Victoriano logró la autorización para participar como un integrante más de la comitiva.

Dicen que hizo de utilero, de masajista, de técnico. Dicen que andaba en pantalón corto y que se fotografiaba con los jugadores. Era uno más. Un equipo formado por once y por él, Victoriano, "el jugador número 12", como lo llamaron mientras duró el viaje. Boca ganó 15 de los 19 encuentros que jugó. La 12 era uno solo que valía por todos los que estaban en Argentina y que recibían las noticias del éxito del equipo. Frente al Real Madrid o frente a Bayern Munich, había uno que alentaba, que sufría desde el costado, que gozaba, que se sentía parte del partido. Una hinchada de a uno: es eso, un sentido que va a mantenerse para siempre. Por eso cada hincha de Boca es, de alguna manera, el jugador número 12; es la pasión de a uno multiplicada por los miles que están en la cancha.

El regreso con gloria del equipo y de Victoriano lo impulsó a este a desplegar aún más su pasión xeneize. Entonces convocó al músico Ítalo Goyeneche para que escriba un himno a Boca Juniors. Y fue en el piano de su casa donde la marcha se tocó por primera vez. Más tarde el escritor Jesús Fernández Blanco se encargaría de ponerle los versos.

En los años 60, con la presidencia de Alberto J. Armando, se rindió homenaje al equipo del 25 y, obviamente, a Victoriano Caffarena, el jugador número 12. Allí le dieron una placa de reconocimiento, rodeado de miles de personas que colmaron la Bombonera. Fue la legitimación oficial de La 12, un signo de la importancia que tiene la pasión sonora que ruge desde las tribunas.

No hay dudas de que la Bombonera habla. Y lo hace a través de sus hinchas. Al fin y al cabo, ellos son los verdaderos dueños del club.

TOTAL

El barrio

En 1536, Pedro de Mendoza, el conquistador, fundó por primera vez Buenos Aires. La primera ciudad del Plata nació en La Boca, al lado del Riachuelo; el primer español que pisó esta tierra pisó la tierra que está en La Boca.

Xeneize quiere decir genovés. Cerca del año 1900 había tantos italianos en La Boca que la declararon República y nombraron a un Rey. Querían la independencia, ser autónomos, no depender de nadie más que de sí mismos. Identidad de barrio, fisonomía precisa hecha de artistas y de obreros y de gente común que no sólo vivía en La Boca sino que hacía del barrio una forma de habitar el mundo.

Cuando nació el primer equipo de Boca Juniors, aquella identidad de barrio encontró un nuevo lugar donde manifestarse. La Boca comenzó a vibrar detrás de una pelota: no los jugadores ni los hinchas, sino todo el barrio entero. Por ello la Bombonera es, de alguna manera, el Templo en el que se reúnen los vecinos a celebrar su condición de habitantes de La Boca. Un templo a la memoria de todos los que fueron parte de

Una vista de la Bombonera en la década del 50.

su fundación. En la palabra xeneize se reúnen el fútbol y toda la historia del barrio.

Sabemos de los conventillos, de las chapas pintadas con distintos colores; sabemos de Quinquela Martín, de Juan de Dios Filiberto y de todo el arte con el que se cubren las calles. La Boca tiene un gesto propio, auténtico, un sello único y original. Está en su música, en sus cuadros, en los barcos atracados en el puerto, en las veredas que suben y bajan. Y también en la gente. Todo es un mismo paisaje: el tano que fuma, los pibes detrás de una pelota, la señora que camina por la Avenida Patricios. Y la Bombonera, que se ve de todos lados.

Las calles de la Boca en 1921: empanadas, manices y caramelos.

Cerca del puerto, en los años 60.

Asando castañas. 1914.

35

BOCA JUNIORS

El nacimiento

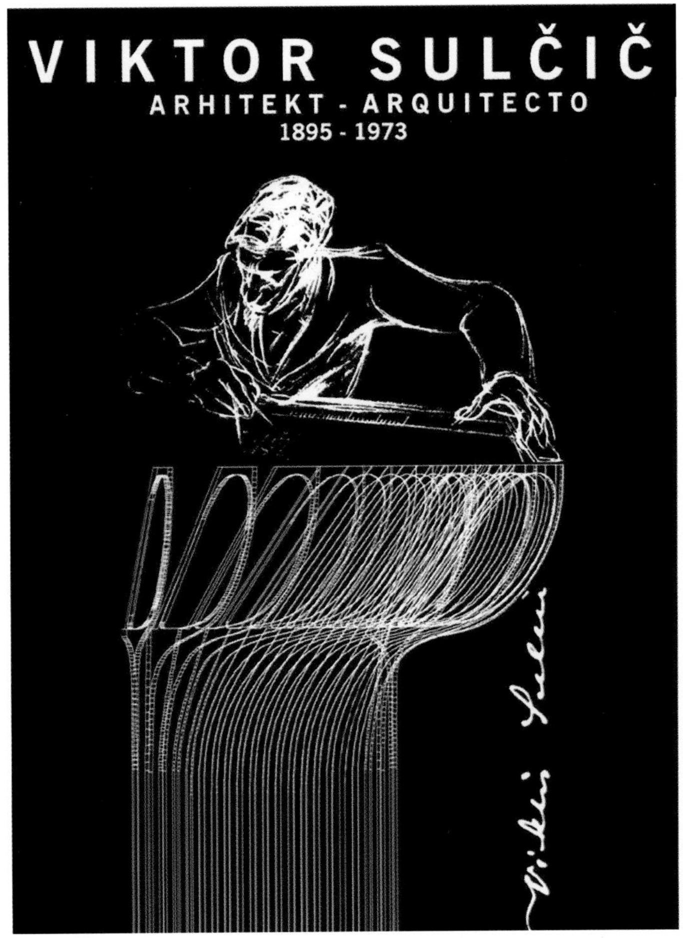

En 1937, el presidente de Boca, Dr. Camilo Cichero, comenzó a hacer el sueño realidad. Su primera medida fue organizar un concurso para que distintos estudios de arquitectura presentaran su proyecto del nuevo estadio. El presidente y la comisión directiva creían que la nueva cancha debía dejar atrás la madera y privilegiar el cemento, símbolo de lo moderno, del progreso. El diseño del arquitecto esloveno Viktor Sulcic fue el que más gustó: estaba estructurado en hormigón armado y, además, aprovechaba íntegramente el espacio del predio –que resultó escaso para el estadio con capacidad para 100 mil almas que imaginaba Cichero– gracias a su diseño en forma de D. Cuentan que para el dibujo de la cancha, el arquitecto esloveno se inspiró en un regalo que una amiga le dio en su cumpleaños: una caja de bombones.

Ya desde el momento en que comenzó a pensar la idea con sus socios en el estudio de arquitectura –el geómetra Raúl Bes y el ingeniero José Luis Delpini, con quienes ya había construido el famoso Mercado del Abasto– nombraban al estadio como la Bombonera. Quizás nunca imaginaron que, finalmente, ese mote con el que bromeaban mientras dibujaban planos y proyectaban la construcción, terminaría siendo el nombre con el que popularmente se conocería a uno de los estadios más importantes del mundo. Y algo que tampoco imaginaron jamás fue que las tribunas, que se hicieron empinadas como paredones para ganar

Colocación de la piedra inaugural de la Bombonera, 1938.

espacio, terminarían convirtiendo a la Bombonera en una caja de resonancia perfecta, el teatro donde el coro furibundo de su hinchada haría sonar cada domingo su mejor concierto.

En febrero de 1938, con la presencia del entonces presidente Agustín P. Justo, se colocó la piedra fundamental del nuevo estadio. El 10 de abril de ese año, los xeneizes jugamos nuestro último partido en la cancha de madera y el 6 de agosto comenzaron las obras. Durante los dos años que demandó la construcción, fuimos locales en la cancha de Ferro y, como siempre, mientras esperábamos la casa propia, los resultados no acompañaban.

Parecía escrito que no seríamos campeones mientras durara el destierro. Por fin, el 25 de mayo de 1940 se inauguró la Bombonera. Aún no estaba terminada, pero ese día hubo casi 40 mil mil personas en las tribunas de cemento. Pedro Calomino, el histórico jugador de Boca de los años 20, izó la bandera argentina en el mástil de la nueva cancha. Para sacarnos la mufa de cuatro años sin títulos, se trajo al primer cardenal argentino, Santiago Luis Copello, para que rociara hasta los vestuarios con agua bendita. Ese día, Boca derrotó 2 a 0 a San Lorenzo en un amistoso. Ricardo Alarcón hizo el primer gol en la Bombonera y fue también el primer jugador xeneize que marcó en un torneo oficial en nuestro estadio.

El 2 de junio, en el inicio del campeonato, Boca derrotó 2 a 0 a Newell´s y Alarcón hizo el primero otra vez. Después, como un tren imparable ganamos los doce partidos que jugamos en nuestra cancha y volvimos a ser campeones una vez más.

Al año siguiente, el 16 de noviembre de 1941, ya durante la presidencia de Eduardo Sánchez Terrero,

Construcción de las viejos palcos, 1939.

Ricardo Alarcón, autor del primer gol que se hizo en la Bombonera.

se continuó con las obras y se inauguró finalmente la segunda bandeja. La Bombonera iba tomando forma y se parecía cada vez más a la obra definitiva que habían imaginado Sulcic.

En esos años de la década del 40, la cancha estaba siempre llena a reventar. Boca ganó los

Tres escenas: Severino Varela (izq.), el penal que nos salvó del descenso en 1949 (arriba) y el primer supeclásico en la vieja cancha (abajo).

campeonatos del 43 y 44 de la mano de ídolos que quedaron grabados a fuego en su historia: el atómico Mario Boyé, Jaime Sarlanga, Pío Corcuera, el Leoncito Pecia, Ernesto Lazatti y un uruguayo que la metía a boinazo limpio, Severino Varela; eran la columna vertebral de aquel equipo dirigido por un ex jugador de los años 20, Alfredo Garasino.

Con cancha flamante y equipo de estrellas Boca tenía todo para seguir ganando. Pero algo misterioso y bastante parecido a la mufa sucedió, y de pronto los campeonatos se empezaron a negar. Durante tres años seguidos fuimos segundos y para colmo de males, luego de la primera gran huelga de futbolistas, en el año 48, perdimos varios de nuestros jugadores importantes.

1949 fue nuestro año más difícil: por primera vez en nuestra historia corríamos riesgo de irnos a la B. En la última fecha del campeonato Boca estaba

Visita del público en plena construcción de la Bombonera.

penúltimo y peleaba la categoría con Lanús, que tenía un punto más que los xeneizes. El partido final, el 8 de diciembre, sería en la Bombonera; si no ganábamos, descendíamos. Esa tarde, desesperado, el viejo ídolo Roberto Cherro bajó hasta el vestuario y les pidió a los muchachos que, por amor a Boca, ganaran como sea. En la cancha no se podía ni respirar, estaban llenos hasta los pasillos. Boca sacó desde las profundidades de su historia la garra y el corazón, goleó a Lanús 5 a 1 y se olvidó del descenso para siempre.

Al año siguiente; Boca recompuso el equipo, contrató nuevos jugadores y salió segundo. Sin embargo, no terminábamos de acomodarnos y los años que vinieron no pasábamos del sexto puesto. El último campeonato había sido en el 44 y ya para 1954 Boca había cosechado la peor racha sin títulos de su

Año 1947: La revista Boca...! celebra dos años sin derrotas.

historia. Sin embargo, cada domingo, la Bombonera se llenaba hasta reventar y el club contaba ya con 44 mil socios. Eran los años del peronismo, y la prosperidad obrera había creado a la clase media que ahora tenía vacaciones, aguinaldo, un trabajo de sólo ocho horas diarias y el domingo libre para ir a la cancha. El club aprovechó las formidables recaudaciones y en 1951 comenzó la construcción de la tercera bandeja al tiempo que se instaló el sistema de iluminación artificial para poder jugar partidos nocturnos.

Para 1953, la Bombonera estaba finalmente lista, tal y como la habían soñado sus creadores. El 12 de febrero, 55 mil almas presenciaron la inauguración de la renovada Bombonera cuando se disputó un amistoso con el HNK Hajduk Split de la ex Yugoslavia, que terminó 1 a 1.

El Presidente Perón recorriendo el campo de juego con autoridades del club.

Pero los años de bonanza económica del club no se invirtieron sólo en la cancha, tras diez años de sequía, el club estaba urgido por un campeonato y decidió ir a fondo en la compra de estrellas para el equipo. Eliseo Mouriño, el gallego que venía de Banfield, fue en ese momento el pase más caro del fútbol argentino, un millón doscientos mil pesos. Pepino Borello, que llegó de Chacarita y el arquero Julio Elía Musimessi, un correntino cantor que llegó a grabar discos y que le compramos a Newell´s. Alberto J. Armando ya era presidente de Boca y contrató al ídolo Ernesto Lazatti como director técnico. Con gran solidez defensiva, corazón y sacrificio en el medio campo, más la inspiración de los delanteros, Boca jugó a lo Boca y ganó, por fin, el campeonato de 1954 para cortar la peor racha negra de una historia que iba a cumplir medio siglo. Sin embargo, aquel campeonato del 54 fue un oasis en un desierto que duró 17 años. En los campeonatos que vinieron, Boca no conseguía despegar, arrimaba hasta el tercer o cuarto puesto, pero el título no se daba. Para colmo de males, en 1961 la Bombonera fue suspendida por desmanes en la tribuna local y tuvimos que jugar toda la segunda rueda del campeonato en canchas alquilada.

Los sesenta fueron años de gloria y títulos. Boca tenía un equipo que salía de memoria: Roma, Silvero, Marzolini, Simeone, Rattín y Orlando. Grillo, Rojitas, Menendez, Rojas y Gonzalito. En el 63, a Armando se le ocurrió que era una buena idea darle bolilla a un torneo al que en Argentina nadie le daba importancia:

El equipo campeón de los años 60.

la Copa Libertadores. Boca estuvo cerca, llegó a la final pero cayó contra el Santos de Pelé perdiendo los dos partidos. Pasarían 40 años exactos para la venganza. En 1964, de la mano de un Ángel Clemente Rojas deslumbrante, Boca volvió a ser campeón y repitió en 1965 para un nuevo bicampeonato. En 1969, con Alfredo Di Stéfano como D.T, ganamos el campeonato Nacional del 69 y dimos la vuelta en la cancha de River. Boca repitió en el Nacional del 70, ganándole la final 2 a 1 a Rosario Central, en donde se vio por última vez toda la inspiración de Rojitas, el ídolo bostero que marcó una época.

VINOS VIEJO TOMBA · CAÑA GLOBO · GRAPPA MO

VERMOUTH GLOBO
GEOPE

La Bombonera desnuda

La forma de la Bombonera es la de una letra D. El palco es la parte recta. Allí, en el medio, a la altura de la línea que marca el centro de la cancha, se levantaba una torre enorme, de casi 40 metros. de alto. Hormigón a la vista, balcones que miran la cancha, la bandera flameando en la cima. Los palcos rectos, de tres pisos, trazados como con una regla al lado de la línea de cal; y por encima, señalando el cielo, una viga de hormigón que sube alto, que muestra a la vez el capricho artístico de quién la diseño y la belleza de la obra. Hay quienes dicen que la torre, en los años 40, se veía casi de cualquier lado de Buenos Aires: desde el río, desde una calle cualquiera de Parque Patricios, desde la Plaza de Mayo. Tal vez esté allí el motivo que tuvo el arquitecto cuando la proyectó. ¿Para qué hacer, sino, semejante torre? Era el estilo de la época, de la arquitectura de los años 30, es cierto. Pero no fue por ello que la hizo. Tanta altura y tanta presencia expresan la voluntad de afirmar que allí, en ese lugar de la ciudad, y para que todo el mundo lo sepa, estaba ubicada la Bombonera.

C A B J

CABJ

No hay gritos. No hay papeles en el suelo. No hay gente ni banderas. Las tribunas vacías guardan las voces y las vidas de todos los que alguna vez subieron uno a uno los escalones de la cancha. Intimidad de Templo vacío, silencio hecho de cielo limpio y de cemento. Entonces, cuando la Bombonera queda muda de gente, cuando está desnuda y en silencio, el misterio se agranda. Es pura arquitectura: el plano inclinado de las tribunas, en ángulo a más de cuarenta grados, exige escalar más que subir. Como a una montaña hecha de fiebre y de pasión vertical.

SALIDA

Las vigas que sostienen cada uno de los pisos, vigas de cemento gruesas, fuertes, una al lado de otra, son como los brazos de un titán de cien brazos que deja colgando las tribunas por encima de las vías del tren. Las escaleras son laberintos de ida y vuelta que exigen el esfuerzo de querer llegar a destino. Salir de la oscuridad a la luz para respirar el aire Boca. En ese momento, cuando los ojos ven la cancha y las tribunas y todo es azul y oro, la emoción es infinita. Se mezclan el cansancio de subir con las ganas de gritar. Es todo a la vez. Las vigas y las escaleras son los huesos de la Bombonera.

CABJ
BOCA
LA
BOMBONERA
BOCA
12
BBVA Francés

¿Qué sensación extraña produce estar en la Bombonera sin gente? La palabra BOCA se agiganta en la tercera bandeja. Las estrellas enormes que la rodean parecen no estar pintadas sino que alguien las bajó del cielo una noche y las dejó allí. ¿Pero quién? Desde allí arriba se ve el río, se ve el puente viejo, se ven las casas de chapa y los colores y toda la ciudad, que es más chiquita que la cancha.

Los huesos de la Bombonera son curvos salvo en los palcos. Curvos para estar más cerca del campo de juego. El verde del césped sale de las tribunas y si no fuera por el alambrado que separa, o por el color azul de la primera bandeja, sería todo una misma cosa. Por ello la Bombonera intimida, porque la curva de sus huesos de cemento amarran la cancha, la hacen propia, como una continuación horizontal de lo que ocurre en las tribunas. Y es en las curvas de cemento donde el sonido rebota y se multiplica al infinito.

CABJ
ESTADIO
ALBERTO J. ARMANDO
Coca-Cola
SALIDA

La segunda bandeja es el centro sonoro: allí se instala el Jugador N° 12. Los cantos rebotan contra el techo y miles se hacen millones. Como si la Bombonera hubiera estado diseñada para que todos los hinchas de Boca hagan escuchar su voz en los partidos, aunque no puedan estar todos juntos en la cancha.

SALIDA
Coca-Cola

BOCA
BOMBONERA

La Bombonera nació de una paradoja geométrica: ¿Cómo hacer un estadio para cincuenta mil personas en apenas 21.000 metros cuadrados? Era mucha gente para muy poco espacio. Pero el lugar era ese, en el corazón del barrio, donde Boca se hizo grande en su cancha de madera. Era necesario un proyecto audaz, que hiciera de lo numéricamente imposible una realidad. Se hizo un concurso en 1937 y lo ganó el estudio Delpini-Sulcic-Bes, un ingeniero, un arquitecto y un geómetra. El diseño fue de Viktor Sulcic, esloveno, llegado como tantos otros con la inmigración, él huyendo del fascismo italiano. Fue a él a quien una mujer le regaló para su cumpleaños una caja de bombones. Entonces vio en ella el estadio que estaba proyectando. Dicen que a las reuniones con sus socios, mientras se llevaba adelante el proyecto, llevaba siempre la bombonera. Así la llamó mientras se construía y así la llamaron el día de la inauguración. Sulcic inventó un nombre con el que el pueblo boquense bautizó su casa.

CASABLANCA
PINTA CON
CASABLANCA
PINTA CON
CASABLANCA
PINTA CON
CABJ
ESTADIO
ALBERTO J. ARMANDO
CASABLANCA
CASABLANCA
Coca-Cola

Pasaron más de cuarenta años para que el cuerpo de la Bombonera se viera intervenido nuevamente. El 5 de mayo de 1996, con Mauricio Macri ya en la presidencia, se inauguraron los nuevos palcos. Para ello, se habían demolido los palcos viejos que daban a la calle Del Valle Iberlucea, en su lugar se colocó una pequeña tribuna y, sobre esta, los tres pisos de palcos con estructura metálica. Nueva iluminación, nuevos sectores de prensa. A ambos costados de los nuevos palcos se levantan dos medias torres que, unidas por la imaginación, se ofrecen como un signo de la que allí estaba, un recuerdo necesario de los antiguos palcos ideados por Sulcic. También, y con la idea de ampliar aún más la capacidad del estadio, se tapó el foso que separaba a las tribunas del campo de juego y se instalaron más localidades. La cancha de Boca elevó su capacidad a 57.503 personas.

Coca-Cola
MUSEO
QUIQUE

La Bombonera desnuda es pasado y presente, todo junto. Sigue siendo, como cuando se la diseñó, un desafió de la arquitectura para albergar a la mitad más uno. Las infinitas escaleras, los pasillos rodeados de columnas, la terraza con vista al río de la tercera bandeja, en cada lugar, el cemento late del mismo modo siempre. El estadio vacío hace más elocuente el misterio que allí se esconde. En la Bombonera cada hincha de Boca Juniors tiene un lugar propio, un rincón, un escalón, una platea. Es ese el misterio de su arquitectura: que aunque seamos millones, en la Bombonera entramos todos.

CABJ
LA BOMBONERA
CLUB ATLÉTICO BOCA JUNIORS

Desde afuera, la Bombonera es el punto de referencia del barrio. El alto de sus paredes contrasta con las casas bajas, con los viejos balcones; las vías del tren parecen trazar un límite, como una fosa que separa al resto de la ciudad de esa otra ciudad que es la cancha de Boca. Cualquiera que haya caminado por las veredas de la Bombonera sabe que hay paredes que laten y que el cielo, que es azul, tiene trazada una franja amarilla en el medio del pecho.

Noches de gloria

A mediados de los años 70, la historia de Boca en la Copa comenzó a escribirse. En 1976, Armando decidió traer a Juan Carlos Lorenzo para que fuera el técnico de Boca. Llevábamos cinco años sin campeonatos y Lorenzo sabía que los títulos se conseguían con hombres de experiencia. El *Loco* Gatti, Pancho Sá, Mouzo, Suñé, el *Chino* Benítez, Mario Zanabria, sumado a Felman, el *Toti* Veglio y Mastrángelo serían la base de un equipo que quedaría en la historia. En el 76 consiguió el título Nacional ganándole la final a River, la única que jugamos contra los primos en toda nuestra historia. Fue uno a cero, con una avivada del Chapa Suñé que la clavó de tiro libre mientras Fillol acomodaba la barrera parado junto al otro palo. Se cuenta que el tristemente célebre almirante de la dictadura, Carlos Lacoste, fanático gallina, mandó destruir las imágenes del gol, del que sólo se conservan fotos y el relato radial. Ese mismo año, Boca también se quedó con el metropolitano, haciendo doblete.

Juan Carlos Lorenzo, el Toto.

Fillol mira cómo ingresa la pelota en el ángulo. Una avivada de El Chapa Suñé.

En 1977, llegó, por fin, la primera Copa Libertadores. Luego de dos finales terribles ante los brasileros del Cruzeiro, el desquite que se jugó en el Centenario de Montevideo y allí el *loco* Gatti fue el héroe en los penales. Éramos campeones de América y tocábamos el cielo con las manos, pero todavía faltaba el broche de oro: la Copa Intercontinental. En esos años, la final del mundo de clubes se jugaba a dos partidos. Boca fue local ante el Borussia Möenchengladbach en marzo del 78 y la cosa no empezó bien. En la Bombonera apenas empatamos 2 a 2 y parecía que el sueño de ser campeones del mundo se nos escapaba de las manos. Pero en la revancha en Alemania el equipo fue una máquina, antes de que terminara el primer tiempo, con goles de Felman, Mastángelo y Salinas, ya ganaba 3 a 0. Boca se coronó campeón ante más de cincuenta mil alemanes que aplaudieron de pie. Éramos, por primera vez en nuestra historia, campeones mundiales. Boca Junior, el club de origen humilde, el que empezó a construirse en aquel potrero de la Dársena Sur, alcanzaba la cima del mundo. Parecía que más no se podía pedir, pero los éxitos del *Toto* Lorenzo no pararon ahí. Al año siguiente, Boca alcanzó otra vez la final de la Copa Libertadores. Enfrente estaba el Deportivo Cali que dirigía un ex jugador de Estudiantes retirado hacía pocos años: Carlos Salvador Bilardo. Luego del 0 a 0 en Colombia, el 28 de noviembre de 1978, Boca jugó la revancha con una Bombonera repleta. Fue un baile que presenció hasta el rey de España, Juan Carlos I, invitado al palco de honor. Esa noche le ganamos 4 a 0 al equipo del doctor, fuimos

La vuelta olímpica de los campeones de América de 1978.

otra vez campeones de América y pudimos festejarlo por primera vez en una Bombonera en la que no cabía un alfiler.

El año de 1980 fue de transición y resultados pobres. Después de dos décadas al frente del club, renunció Alberto J. Armando, el hombre que sigue siendo el referente más importante en la historia de la presidencia de Boca Juniors.

El candente domingo del 22 de febrero de 1981, ocurrió uno de los hitos decisivos en la rica historia de la Bombonera. Ese día, debutó en Boca el más grande jugador de fútbol de la historia: Diego Armando Maradona. La llegada de Diego a Boca fue una novela de enredos que duró meses. River había ofrecido una millonada por la joya de Argentinos Junior. En Boca no había un peso partido al medio. Pero el amor de Maradona por el club finalmente pudo más.

Alberto J. Armando y el Toto Lorenzo en el festejo del campeonato.

Alberto J. Armando fue presidente de Boca Juniors por más de 20 años.

Boca vendió medio equipo para traerlo, consiguió préstamos y esa tarde de febrero del 81, Diego le encajó dos penales a Chocolate Baley para la goleada 4 a 1 a Talleres de Córdoba. Boca rodeó a Maradona de un equipo con nombres de peso: Gatti seguía en el arco, atrás Pernía, Ruggeri, Mouzo y Córdoba; Benítez, Krasouski en el medio junto a Diego y arriba Escudero, Brindisi y Perotti. Todos comandados por el gran ídolo de los años 60: Silvio Marzolini. Con Maradona en Boca, hubo tardes y noches de gloria en la Bombonera. La más inolvidable para los hinchas fue aquella noche del partido contra River. Bajo una lluvia torrencial y la cancha hecha un lodazal, Diego se hamacó tres veces en puntas de pie al borde del área chica, hizo revolcarse en el barro al pato Fillol y le dio un pase a la red para que Boca ganara 3 a 0. Los hinchas deliraban. El equipo marchaba derecho y sin sobresaltos al título, pero faltando pocas fechas empezó a flaquear y –casi al final– Ferrocarril Oeste lo alcanzó en la cima de la tabla. El campeonato peligraba.

Los hinchas, todos y cada uno de nosotros, creemos que si un domingo faltamos a la cancha le estamos fallando a Boca. Que si nuestro asiento en la platea o nuestro espacio en la popular queda vacío, el equipo lo puede sentir, y si lo siente hasta puede perder. No es muy lógico, lo que pensamos los hinchas. Pero los hinchas nunca somos lógicos, simplemente sentimos. Y los de Boca sentimos que formamos parte indisoluble de la Bombonera. Tal vez en alguna medida sea cierto. Yo empecé a formar parte de la Bombonera en una tarde soleada de 1981, cuando fui por primera vez a la cancha. Con 11 años y desde la tercera bandeja que da a la Casa Amarilla, vi cómo el Loco Gatti salía del área y gambeteaba a tres delanteros de Estudiantes de La Plata. Corrió como lo que era, un loco, hasta el medio de la cancha y le dejó la pelota en los pies al Mono Perotti. Más que una jugada de fútbol parecía una carrera de posta: el Mono agarró la bola y enfiló enfurecido hasta los límites del área chica donde pateó cruzado, abajo, y fue gol. Ganamos 1 a 0 y empezamos a enderezar un campeonato que parecía que se perdía. Después, otra vez Perotti nos dio la victoria ante Ferro, el rival del campeonato. Así llegamos a la última fecha con dos puntos de ventaja, empatamos con Racing uno a uno y fuimos campeones, con las tribunas de la Bombonera llenas hasta los bordes y con Diego pleno de felicidad arriba de los hombros de los hinchas que habían invadido la cancha y lo llevaban en andas. Pocas tardes, la felicidad en la Bombonera fue tan completa.

Aquel equipo liderado por Maradona y Brindisi duró poco. A Diego lo vendieron al Barcelona en el 82 y, en pocos meses, varios de los jugadores más importantes también se fueron. Luego de seis títulos en cinco años, para Boca comenzaba una etapa

Inolvidable: Diego, bajo la lluvia, clava el 3 a 0 contra un River que quedó en el piso.

negra. Quizás, la más oscura de toda su historia. Aquellas apuestas del *Toto* Lorenzo a la Copa Libertadores, que trajo gloria pero poco dinero, más la contratación de Diego, habían dejado las cuentas del club en rojo. Para el año 84 la situación era cada vez más grave. Las estrellas de entonces, Ricardo Gareca y Oscar Ruggeri, huyeron a River ganándose el odio eterno de la hinchada xeneize. Los demás jugadores titulares iniciaron una huelga y Boca jugó con un equipo de pibes de la cuarta durante una parte del campeonato. No había plata ni para las camisetas suplentes. En un partido con Atlanta el equipo salió con unas remeras blancas con los números pintados con un fibrón en la espalda. Antes de que terminara el primer tiempo, el sudor de los jugadores ya había borroneado los números; encima perdimos 2 a 1.

Todo era muy triste, pero lo peor estaba por venir: la Secretaría de Deportes de la Nación cerró la Bombonera por falta de mantenimiento y no había plata para obras de mejoramiento. De nuevo a jugar en canchas prestadas. Se había decretado la convocatoria de acreedores y se nombró a un interventor para normalizar la situación. Boca estaba en terapia intensiva. Parecía increíble, pero como en aquellos días de 1914, cuando se mudó a Wilde, otra vez Boca Juniors corría riesgo de desaparecer. Recién en mayo del 84 pudimos volver a jugar en la Bombonera, y el gobierno radical sólo habilitó la primera bandeja hasta que se terminaran las obras.

En 1985, Antonio Alegre y Carlos Heller, presidente y vice respectivamente, se hicieron cargo de un club literalmente fundido. Heller recordará que por esos tiempos "en la comisión directiva festejábamos si conseguíamos plata para pagar las boletas y no nos cortaban la luz". El equipo era un rejunte de pibes y jugadores que venían de prestado de otros clubes y deambulaba por la mitad de la tabla. En 1986, quizás como una forma de conjurar los maleficios, Antonio Alegre decidió ponerle el primer nombre oficial al estadio de Boca. Para ello quiso remitirse a un pasado glorioso y lo encontró en el nombre de Camilo Cichero, el presidente de los años 30 y 40 que le diera forma definitiva al estadio de Boca. Pero los 80 siguieron siendo oscuros para los xeneizes. Pasaron César Luis Menotti, la vuelta del *Toto* Lorenzo, el *pato* Pastoriza, grandes técnicos, con más penas que glorias. Por supuesto que en semejante desbarajuste económico, el título no llegaba y los hinchas se desesperaban. En

El corazón del equipo del 81, Diego y Brindisi, junto a Silvio Marzolini.

el 89, no obstante, ganamos la Supercopa, un título menor que fue un desahogo cortito, un vaso de agua en un desierto que se hacía eterno. Para el año 91, Alegre y Heller habían sacado a Boca del pozo económico y lograron formar un gran equipo. Con el Mono Navarro Montoya, Diego Latorre y Grabriel Batistuta, jugaba lindo y ganó invicto la primera rueda de un torneo que la AFA había dividido en dos para darle más emoción.

Producto de la crisis económica del club en 1984, Boca jugó con una camiseta blanca y los números dibujados en la espalda.

La segunda rueda la ganó el Newell´s de un tal Marcelo Bielsa y había que ir a una final. Pero la selección ese año jugaba la Copa América y nos llevó a nuestras dos estrellas: Latorre y Batistuta. Igual Boca le puso el pecho y, luego de perder 1 a 0 en Rosario, ganó por la misma diferencia en la Bombonera. Fueron a penales, pero Newell´s tuvo mejor puntería y nos quedamos sin título, una vez más. Pocas veces la Bombonera vivió un día tan triste. Esa tarde, después del partido, hubo hinchas que se quedaron más de tres horas sentados en los escalones de la Bombonera, los ojos vidriosos clavados en el cemento, en algún papelito perdido que volaba aquí y allá, tratando de encontrar una explicación. Si no estábamos enyetados, se le parecía bastante. Para 1992, Boca llevaban once años sin títulos. Ya sin Latorre-Batistuta, que se habían ido a jugar a Europa, el maestro Oscar Tabárez armó un equipo duro para pelear en toda la cancha: Navarro Montoya, Mac Allister, Simón, Giuntini y Soñora, Giunta, Villarreal, Tapia y Márcico, arriba el uruguayo Sergio *Manteca* Martínez y un paraguayo que provocaba con sus declaraciones en contra de River, y al que la hinchada amaría a fuerza de goles: Roberto Cabañas. Ese equipo arrancó con todo el campeonato y lo peleó palmo a palmo con River. En la fecha 10, en nuestra cancha, le habíamos ganado a los eternos rivales uno a cero con gol de Martínez y habíamos sacado la diferencia. Llegamos a la última fecha con dos puntos de ventaja sobre River. El 20 de diciembre de 1992, la Bombonera era una caldera. Había, sin dudas, cinco mil personas de más en la cancha. Hubo gente que pagó para ver el partido sentado en escaleras y pasillos, hinchas que lo vieron colgados del alambrado a varios metros del piso, miles estaban parados en los techos de los palcos viejos, y más de uno trepado en los focos de iluminación. Jugábamos contra San Martín de Tucumán y alcanzaba con empatar. Tenía que ser fiesta, explosión, locura, pero todo empezó para el demonio. Casi de movida, casi sin querer, los tucumanos se pusieron en ventaja y

Juntos Latorre y Bastistuta hicieron de Boca una fiesta permanente.

los fantasmas de once años de desgracias volvieron a rondar la Bombonera: si River ganaba su partido, nos alcanzaba. El equipo parecía traumatizado y no daba pie con bola. En las tribunas, casi sesenta mil bosteros alentábamos desesperados, pero por dentro teníamos un nudo en el estómago. El reloj corría y parecía que, otra vez, no íbamos a poder. Hasta que apenas empezado el segundo tiempo, el *pibe* Benetti, como quien encuentra la salida de un laberinto, se sacó dos tipos de encima, hizo foco entre un ramillete de piernas y la clavó abajo, a la derecha del arquero tucumano. Fue un grito de miles que pareció uno solo, un desahogo profundo que surgió de las entrañas de sesenta mil bosteros. Faltaba un tiempo entero, pero casi no hubo partido.

Boca se serenó y se dedicó a esperar. En las tribunas sucedía lo más parecido a un aquelarre. Cuando por fin el árbitro pitó el final, el festejo se descontroló. La locura de afuera contagió a los de adentro. Blas Giunta, símbolo y quintaesencia del bostero, uno de esos tipos que representó tan cabalmente lo que el hincha de Boca quiere que sea el jugador de Boca, corría casi desnudo gritando como un enajenado. El chino Tapia, que había llegado como descarte de River a Boca hacía nueve años y había vivido todas las malas, lloraba de felicidad sentado en el piso como un chico. Roberto Cabañas, de rodillas, se cruzó toda la cancha con las manos juntas y los ojos cerrados rezando cien padrenuestros. El Beto Márcico, tan fanático de Boca él, se trepó con varios de sus compañeros al alambrado donde estaban colgados los hinchas y el alambrado de seis metros se vino con todos abajo. En la caída, Giuntini se hizo un corte feo cerca del ojo pero siguió, ensangrentado como un Cristo, gritando con el resto de los jugadores. Boca era otra vez campeón. Boca era campeón después de once años. Boca era campeón, se había terminado la mufa y casi que no lo podíamos creer. Esa tarde, la alegría parecía que no iba a tener fin.

Diego: la Bombonera y yo

Escena de la vida de Diego: Las banderas. El debut en la cancha y en la revista El gráfico *recordando su debut en la selección, también en la Bombonera. La vuelta olímpica de 1981.*

"La Bombonera es el templo del fútbol. Yo vi cómo muchos caudillos se cagaron en esta cancha. No hay cancha como ésta para disfrutar, para presionar a los rivales. Le agradezco a Dios que haya creado la Bombonera".

Late

La Bombonera intimida. Pocos son los rivales que pueden estar indiferentes ante el aliento infatigable de una hinchada que parece estar casi sobre el campo de juego, que se les viene encima y convierte al estadio en una caldera. La arquitectura hizo que las tribunas fuesen las más empinadas del mundo; el ingenio, combinado con algo de malicia, que el vestuario visitante estuviera justo debajo de la tribuna 12. "Estabamos en el vestuario, y a mí me asombraba que justo estuviéramos debajo de la hinchada de Boca. Ellos empezaron a gritar y temblaron las paredes, parecía que se movía...", recuerda Roberto Ayala, jugador de River que disputó varios clásicos. "Jugué en todos los estadios del mundo y jamás sentí que sucediera un terremoto cuando un equipo salía al campo de juego como lo viví en la Bombonera", y el que lo cuenta es nada menos que Pelé, que había jugado la final de la Copa Libertadores en el 63 con el Santos.

La Bombonera intimida, sin dudas, y las anécdotas sobran:

- En 1991, Flamengo visitó la Bombonera por los cuartos de final de la Libertadores. En Río habían ganado los brasileros 2 a 1. Cuando el Flamengo salió a hacer el reconocimiento del campo de juego, la silbatina fue ensordecedora; la hinchada

ardía y se gritaba como nunca. Un helicóptero a control remoto sobrevolaba la cancha con una publicidad hasta que alguien lo bajó de un piedrazo. Azorados, los brasileros ni calentaban, estaban como hipnotizados por lo que pasaba en las tribunas. Cuando Flamengo volvió al vestuario, el joven delantero Marquinhos le dijo a Junior, el crack y capitán de aquel equipo:

–Aquí no se puede jugar, es una olla a presión y va a explotar.

–No digas estupideces. No puedo creer que digas una cosa así. Todos los días entrás al Maracaná– lo retó Junior.

–Sí, pero en el Maracaná el piso no tiembla...

Esa noche, Boca lo dio vuelta y ganó 3 a 0.

- John Biafra, aquel delantero de Once Caldas que jugó la final con Boca contó que al salir a la Bombonera para disputar la final se le hizo un nudo en el estómago. “Eran tantos los nervios que tenía que cuando salimos y vi el griterío de las tribunas... me hice encima”, recuerda, y dice que el técnico no lo dejó salir para ir a cambiarse al vestuario porque no quería dar ventajas. Tuvo que esperar a que terminara el primer tiempo. “Lo único bueno es que ningún jugador de Boca quería pasar por al lado mío. Decían: ´Che, pero qué olor tiene el negro este...´”, contó, entre risas, después del partido.

- Hernán Crespo (ex jugador de River): “Recuerdo que yo tenía 18 años y Ariel (Ortega) 19. Estaba en la cancha y cuando dicen que la Bombonera tiembla es verdad. Yo estaba ahí y pensaba que eran mis piernas que estaban temblando. Vi los papelitos y me di cuenta que era la gente. Es muy fuerte, no es fácil”.

- Abel Braga (DT de Fluminense): "El Azteca es imponente, el Maracaná es histórico, el Bernabéu es majestuoso, pero ningún estadio del mundo tiene vida propia como la Bombonera".

- Manuel Vázquez Montalbán (escritor): "Cuando la hinchada de Boca salta junto a las barandillas, o se sienta sobre ellas, el extranjero siente vértigo ajeno y pregunta a los enterados: 'Oiga, ¿aquí nunca se ha caído nadie?'. Al parecer, no, y si se ha caído, nadie se ha dado cuenta, ni siquiera el que se caía". en su libro ***Fútbol, una religión en busca de un Dios***.

- Romario: "Jugué para Barcelona y Brasil por todo el mundo, en todos los grandes estadios, pero nunca experimenté nada comparable a jugar en La Bombonera contra Boca. Es lo más cercano al infierno".

Nos gusta saberlo: metemos presión, un poco de miedo. Nos hace sentir útiles, parte del asunto, un verdadero jugador número 12. Y algo de cierto debe haber en esta historia. Si tomamos todos los partidos oficiales desde la instauración del profesionalismo, en 1931, Boca disputó en su cancha 1572 partidos de los cuales ganó 971, empató 370 y perdió apenas 230. En la Bombonera hizo 3236 goles y le marcaron 1519. Y en la Copa Libertadores, la localía se hace más fuerte que nunca. Desde 1963 hasta 2012 jugamos 107 partidos: ganamos 76, empatamos 22 y perdimos sólo 9. ¿Hacen falta más datos?

La bombonera no está hecha de cemento. Tiene huesos, músculos, una garganta enorme llamada La 12 y un corazón que no deja de latir nunca.

WWW.BOCAJUNIORS.COM.AR

La misma pasión

1930

1940

VINOS VIEJO TOMBA · CAÑA GLOBO · GRAPPA MONTEFIORE · VERMOUTH GLOBO
1950

1960

2000

La era Bianchi

Las copas y la vuelta olímpica: una costumbre de la era Bianchi.

El 16 de agosto de 1998, Carlos Bianchi pisó por primera vez la Bombonera como técnico de Boca. Había debutado una semana antes, goleando a Ferro en su cancha y los hinchas estaban esperanzados con el nuevo equipo. Bianchi llegó para ordenar seis años de caos y de sequía de campeonatos. Esa tarde Boca le ganó 3 a 2 a Gimnasia de Jujuy, y el virrey empezó a encontrar al equipo de Boca más ganador de toda su historia: Córdoba, Ibarra, Bermúdez, Samuel y Arruabarrena; Serna, Basualdo, Cagna y Riquelme; Barros Schelotto y Palermo. El apertura del 98 fue un paseo; sólido en defensa, con un Riquelme inspirado y una dupla matadora arriba, Boca ganó invicto el campeonato con 13 triunfos y seis empates. El 29 de noviembre, dos fechas antes del final, Boca se coronó campeón luego de empatar con Independiente 0 a 0 y la Bombonera fue otra vez una fiesta. Fue, como cada vez que Boca salía campeón en su cancha, una locura y se festejó como si fuese la última. No sabíamos que era apenas el comienzo. En el 99 Boca repitió el título, se consagró campeón y batió el récord de 39 partidos invicto en la era profesional que Racing ostentaba desde 1966. El Boca de Bianchi estuvo 40 partidos sin perder. En 2000, la Bombonera cambió de nombre por segunda vez. La comisión directiva decidió llamarla oficialmente Estadio Alberto J. Armando. Comenzaba

la Copa Libertadores, Boca volvía a jugarla después de muchos años, y el nombre del presidente que había hecho posible las hazañas en la Copa, allá por los años 70, parecía el mejor augurio. Los hinchas estaban obsesionados con ganarla y Bianchi apostó todas las fichas a la Copa. El equipo pasó fácil la primera fase y en octavos eliminó a Nacional de Ecuador. En cuartos de final debía enfrentar al River de Américo Gallego. En la cancha de ellos perdimos 2 a 1 en un partido que había sido muy parejo. El 24 de mayo, se jugó la revancha en la Bombonera. La noche era helada y la tensión dominaba el ambiente. Promediaba el segundo tiempo cuando Riquelme se sacó un par de tipos de encima y mandó un pase cruzado tan perfecto que su amigo el Chelo Delgado sólo se la tuvo que llevar por delante al gol. Fue un grito de desahogo profundo que nos devolvió el alma al cuerpo. Empatábamos e íbamos a penales, pero Boca quería más. River se refugió en su área y Bianchi hizo su movida de ajedrez de la noche: mandó a Palermo a calentar. Seis meses antes, el Loco se había roto los ligamentos en un partido

PAPA DEL SIGLO
ISLA VERDE
PEPSI
Quilmes

contra Colón, en Santa Fe. Nadie creyó que pudiera estar presente. Ni siquiera el Tolo Gallego que, en la conferencia de prensa antes del clásico, se pasó de canchero y dijo: "De Boca no me preocupa nada. Ah, y otra cosa: si ellos lo ponen a Palermo en el banco, yo lo pongo a Enzo". Enzo Francescoli se había retirado de River hacía tres años y Gallego creyó que su humorada sería graciosa. Años más tarde, algunos jugadores de River contarán que en el momento en que Palermo salió del banco de suplentes pensaron que se "había roto un pedazo de tribuna o algo así", que aquella explosión, aquel grito, no había sido algo normal. Boca se fue como una tromba al arco de River y, a poco del final, Trotta lo bajó a Battaglia dentro del área: penal. Riquelme lo cambió por gol y la Bombonera se vino abajo. Era el pase a semifinales y dejábamos a River eliminado, pero aún faltaba la frutilla del postre. El partido se moría cuando Palermo recibió de espaldas adentro del área, tardó una vida en darse vuelta y cuando por fin lo logró, amagó un pase y luego se la puso abajo, a la derecha del arquero Bonano, para el 3 a 0. Fue la locura. Martín corrió al banco a abrazarse con el preparador físco y los suplentes, llorando de emoción. Los hinchas de la tribuna gritaban, lloraban, encendían bengalas. Mientras algunos se metían a la cancha, el estadio entero rugía un sólo canto: "Ponelo a Enzo, la puta que te parió...". Se gritó hasta que no quedó un jugador en la cancha, se siguió hasta que el estadio quedó a oscuras, y se siguió gritando, en una fiesta incontenible, en las calles de la Boca. No habrá ninguna noche igual en la Bombonera, tan perfecta, tan plena. No habrá ninguna.

Luego de ese triunfo inolvidable ante las gallinas, Boca dejó en el camino al América de México y definió la Libertadores con el Palmeiras de Brasil. Fue 2 a 2 en la Bombonera y 0 a 0 en el Morumbí. En los penales, Oscar Córdoba fue el héroe y Boca volvió a ser campeón de América después de 22 años. Carlos Bianchi lo había logrado. Y todavía nos tenía deparadas más alegrías. Ese año ganamos otra vez el torneo apertura y la Copa Intercontinental. Fue 2 a 1 contra el poderoso Real Madrid, en Japón, con dos goles tempraneros de Martín Palermo. Al año siguiente, otra vez por penales, pero esta vez en la Bombonera, Boca venció al Cruz Azul de México y fue otra vez campeón de América. Nunca pensamos que se podía ganar tanto. Y esa noche del 28 de junio de 2001, la Bombonera y sus calles aledañas fueron una fiesta que se extendió hasta bien entrada la madrugada.

En 2003, Bianchi volvió a Boca y rompió con todos los esquemas demostrándole al mundo que las segundas partes pueden ser igual de buenas. Ese año ganamos una vez más la Copa Libertadores, y nos vengamos del Santos de Brasil por aquella final perdida en el 63´. Fue 2 a 0 en la Bombonera y 3 a 1 en Brasil. Abbondanzieri, Ibarra, Burdisso, Schiavi y Clemente Rodríguez; Battaglia, Villarreal, Cascini y Cagna, y arriba el Chelo Delgado y un pibe del Fuerte Apache que sería ídolo, Carlitos Tevez, fueron la base de aquel equipo. Boca ganó de punta a punta el torneo Apertura de ese año y viajó, confiado, una vez más a Japón. Esta vez el rival era el poderoso Milan de Italia. Fue 1 a 1, con alargue incluido. En los penales, Roberto Abbondanzieri se consagró atajando dos y los xeneizes, por tercera vez en nuestra historia, fuimos campeones del mundo. Al año siguiente, Boca llegó otra vez a la final de la Copa. En las semifinales, después de dos partidos épicos que se jugaron sin público visitante por cuestiones de seguridad, eliminamos a River. Fue por penales y en su cancha. No había caso, para las gallinas éramos (y somos) la peor pesadilla. La final parecía accesible contra un equipo sin historia: el Once Caldas de Colombia. En la Bombonera fue 0 a 0, y en Manizales 1 a 1. Pero en los penales, esa vez fallamos todo lo que pateamos y nos quedamos sin nada. Luego de aquella derrota, sorpresivamente Bianchi anunció que se iba. Había conseguido tres Libertadores, dos Intercontinentales y cuatro títulos locales para convertirse en el técnico más ganador de toda nuestra historia. El Virrey recién volvería nueve años más tarde. El sábado 9 de de enero de 2013, después de nueve años de ausencia, Carlos Bianchi, el D.T más ganador de la historia de Boca, volvía a sentarse en el banco de suplentes de la Bombonera.

Inolvidable

¡Derechazo de la Raulito y gol!

La Raulito

Era toda de Boca. Tanto, que hicieron una película contando su vida. Se llamaba María Esther Duffau, le decían La Raulito. Dicen que, cuando era chica, se fue a probar al club ocultando su identidad. Un día de julio de 1980 se metió en la cancha. Boca jugaba con Estudiantes de La Plata en la Bombonera. El equipo no andaba bien. En medio del partido ella no aguantó más y se largó a correr por el campo de juego. Con la pelota en los pies encaró hacia el arco. Todos se quedaron quietos salvo los hinchas que empezaron a aplaudir. Sacó un zapatazo y clavó la pelota en el arco. Después la llevaron presa, pero mucho no le importó. Al fin, había debutado en Boca con un gol de afuera del área que recibió la ovación de toda la cancha. Nunca tuvo casa. Su verdadero hogar fue la Bombonera.

Delem patea, Roma ataja.

Roma, eterno

En 1962, después de ocho años sin títulos, Boca llegaba a la ante última fecha empatado en el primer puesto y estaba ahí nomás de la gloria. Pero había un escollo: River, nada menos. Las gallinas también iban primeras con nosotros y en esa ante última fecha se jugaba el clásico en la Bombonera. Dicen las crónicas que la cancha nunca estuvo tan apretada como ese 9 de diciembre de 1962. El brasileño Paulo Valentín, de penal, había puesto a Boca en ventaja al inicio del partido; era cuestión de aguantar y el título quedaba servido en bandeja. Faltaban cinco minutos para el final cuando el referí, Nair Foino vio penal para River. Era para morirse, los hinchas de Boca no lo podían creer. Un brasileño de las gallinas, Delem, se paró frente al tano Roma para empatar. Pateó fuerte a la derecha, abajo, y el tano Antonio Roma, grande como una puerta, más grande que nunca esa tarde, se adelantó tres pasos y la manoteó al córner. Mientras los de Boca abrazaban a su arquero, Delem lloraba hincado en el punto penal. El resto de los de River se fue encima del referí: lo pecheaban, lo insultaban, le gritaban que Roma se había adelantado, que cómo podía ser que no lo hubiera visto, mientras el tipo, impertérrito les decía: "Aire señores, aire, penal bien pateado es gol". Mientras los jugadores de Boca abrazaban a Roma, los hinchas se metieron en la cancha. Había miles de personas dentro del campo de juego festejando, algunos se acercaban a Roma y lo besaban, era un pandemonium. La policía empezó a tirar gases mientras

la voz del estadio rogaba por micrófono: "Les pedimos a quienes están dentro del campo que lo abandonen de inmediato. De lo contrario, con el público dentro del field, no será posible ver el match. A todos muchas gracias, y que se retiren de inmediato". El partido recién se reanudó casi un cuarto de hora después, se jugaron cinco minutos más en los que no pasó nada y llegó el final que desató la locura. Al otro domingo, Boca goleó 4 a o a Estudiantes y se consagró campeón después de ocho años.

Desde ese día Antonio Roma es uno de los dueños del arco de Boca. Y desde el 20 de febrero de 2013, una estrella en el cielo bostero.

Siglo XXI

Por siempre Diego

El 10 de noviembre de 2001 Diego jugó su partido homenaje. Era el final de un camino, la confirmación que anunciaba que ya no volvería. ¿Dónde sino en la Bombonera? Allí había triunfado en 1981, allí jugó por primera vez con la selección argentina, allí estábamos los que lo queremos como es.

Por los puntos, jugó su último partido en la cancha de River, 2 a 1 para Boca, en octubre de 1997. No estaba mal irse de ese modo, con un triunfo de visitante contra las gallinas. Ese día dejó la cancha lesionado y lo reemplazó Riquelme. Todo un signo: la diez quedaba en buenas manos. El día de su cumpleaños, unos días después de ese partido, anunciaba su retiro del fútbol profesional. Pero muchos no lo creíamos. ¿Cuántas veces el Diego pareció vencido? Y sin embargo, volvía otra vez. Pero pasaron los años y, a pesar de algunos rumores, no pasaba nada. Diego no volvía a ponerse la azul y oro y el tiempo parecía confirmar lo inevitable.

Pero volvió. Vestido de celeste y blanco, el diez de la selección, ante más de cincuenta mil personas. La Bombonera latía como late siempre, fuerte, al ritmo de su hinchada, 12 latidos por segundo. Diego se iba del fútbol en la misma cancha que lo parió como un grande. Rodeado de amor: el de sus hijas, el de la gente, en la Bombonera, como tenía que ser.

Fue esa tarde, en ese último partido, donde por única vez en la historia del fútbol, un equipo jugó con dos camisetas a la vez. Porque Diego jugó para la selección argentina, claro, contra un equipo de estrellas. Pero en un momento, en el segundo tiempo, se sacó la camiseta para quedarse con la de Boca, la que tiene pegada en la piel. Entonces siguió jugando, él de azul y oro, y el resto de su equipo con la celeste y blanca.

Después habló, lloró, dijo aquello de "la pelota no se mancha" y se despidió para siempre del fútbol. No de la Bombonera. Porque es dueño a perpetuidad de un palco, el que está en el medio de la cancha, el que tiene otro color. Diego es el único dueño de una parte de la Bombonera. En el Templo, un espacio de honor para el más grande.

adidas
10

Olé

En River no se consigue

Diego en la cancha, el gol 100 de Palermo, gol y despedida de Carlitos, otra Copa. Boca cerró un año caliente con una noche perfecta. ¿dedicada a quién?

El último partido de Tevez

A fines de 2004, conducido por el Chino Benítez, Boca obtuvo un título menor: la Copa Sudamericana. Pero lo más emotivo en aquella noche de la final en la Bombonera, en que se le ganó 2 a 0 al Bolívar de Bolivia, fue la despedida de Carlitos Tévez, el pibe de Fuerte Apache que en apenas dos años se había transformado en ídolo. Con lágrimas en los ojos, partió a Europa jurando volver algún día.

El Coco

El Coco Alfio Basile llegó a la dirección técnica de Boca con mucha resistencia de los hinchas xeneizes. El estilo de juego que pregonaba, que algunos consideraban antiguo, sumado a su identificación con Racing, hizo que la gran mayoría del pueblo bostero lo mirara con desconfianza. Basile era un tipo de la vieja escuela, amante de la noche porteña, las comilonas con amigos y las charlas con whisky hasta la madrugada. Llegaba tarde a más de un entrenamiento, pero la cosa no parecía importarle demasiado. “Sí, yo puedo pasarme toda la noche pensando el partido, si querés. Poniendo a este acá, cambiando a este otro para el otro costado, metiendo a Fulano para que marque a Mengano. Pero, sabés qué pasa cuando empieza el partido... los jugadores se mueven”, les respondía, casi sobrando, a los periodistas que le marcaban su falta de contracción al trabajo.

En Boca, el Coco la remó desde bien atrás. Como para empezar a tomarle el gustito, ganó la Recopa contra el campeón de la Libertadores, el Once Caldas que nos había amargado la final de 2004. Una pequeña venganza. Después, se metió de lleno en el Apertura 2005 y lo ganó de punta a punta. El año del centenario terminó con fiesta total porque el equipo llegó a la final de la Copa Sudamericana y quería hacer triplete. En la final, en una noche de copa que se pareció a las grandes noches, Roberto Abbonazieri fue héroe una vez más en la tanda de penales ante los Pumas de México y el Boca de Basile logró la triple corona. Esa noche, en la Bombonera, el Coco por primera vez se llevó la ovación y los cantos que durante seis años se le habían reservado sólo a Carlos Bianchi. En 2006, Boca mantuvo la base del equipo, Abbondanzieri, Battaglia, Pocho Insúa, el Loco Martín Palermo –que había retornado de Europa un año antes y empezaba su marcha definitiva para convertirse en el máximo goleador de la historia del club– y el pibe Rodrigo Palacio. Jugó un fútbol de alto vuelo y se coronó bicampeón. La frutilla del postre fue otra Recopa, esta vez ante el poderoso San Pablo brasilero. Basile había disputado cinco torneos y los había ganado todos. En el Apertura de ese 2006 llevaba seis triunfos al hilo, marchaba derecho al tricampeonato nacional cuando lo llamaron a la Selección. Casi sin que nadie lo sospechara, se había ganado el cariño eterno de la hinchada xeneize.

Niebla del Riachuelo

7 de junio de 2007: revancha contra el Cúcuta Deportivo de Colombia por la Copa Libertadores. La densa niebla del riachuelo había cubierto la Bombonera y en el campo de juego no se veía nada. Parecía que no se jugaba. Se pusieron decenas de caloventores a lo largo de la cancha y detrás de los arcos; igual la niebla no cedía. El árbitro amagó suspender el partido pero los jugadores de Boca se le fueron al humo: querían jugar igual. Y se jugó. Desde las tribunas no se veía ni por dónde andaba la pelota; la gente se enteraba de lo que pasaba en el partido escuchándolo por radio. Fue 3 a 0, un tiro libre de Riquelme que casi nadie vio, el segundo de Palermo, también entre las sombras y Battaglia, ya sin niebla. Era la clasificación a la final. Fue una noche rara, casi de ensueño. La final contra el Gremio fue casi un paseo. Éramos por sexta vez campeones de América.

Palermo, el dueño del arco

Para el Clausura de 2008, de la mano de Carlos Ischia, el viejo ayudante de Bianchi convertido en D.T, el equipo se quedó con un nuevo campeonato nacional luego de un tenso triangular final con Tigre y San Lorenzo. Pero lo mejor de ese campeonato, además del título, fue la yapa de que River hubiera terminado en el último puesto. Desde la llegada de Bianchi en el 98, habían pasado diez años y Boca había tenido la mejor racha de toda su historia: 17 títulos en 10 años. El gran incentivo era ver el camino que estaba haciendo el Loco Martín Palermo para convertirse en el máximo goleador de la historia de Boca. En uno de los palcos, se había instalado una bandera que iba tachando con una cruz los tantos que le faltaban a Martín para alcanzar al histórico Pancho Varallo. El 13 de agosto de 2008, Palermo llegó al récord de 194 goles que Varallo tenía en la era profesional al marcar un gol frente a Arsenal de Sarandí. Pero no se conformaría con eso, sino que llegaría a marcar 236 tantos para ser el máximo goleador de toda la historia de Boca y también, el jugador que con 125 conquistas, el que más goles metió en la Bombonera.

50
22

¿Cómo despedir a un goleador? ¿Cómo pensar que ya no va a estar ahí, a la pesca, entre tantos otros de otros colores? El día que se fue, Palermo se llevó la 9 escrita en la espalda. El 6 de junio de 2011, la cancha colmada, el Loco escuchó otra vez la ovación y el reconocimiento del jugador número 12. Aunque esta era la última como jugador. Pero no alcanzaba con los gritos y el clamor popular. Por eso el regalo, increíble, inesperado; el mejor souvenir para el fin de una fiesta hecha de cientos de goles. Al Loco Palermo había que regalarle el arco que daba a la tribuna de la vieja casa amarilla, donde la había metido tantas y tantas veces. Un signo de que el arco era sólo de él. Había que sacarlo, había que llevarlo a otro lado. Porque si el arco tenía sentido era porque estaba Palermo en la cancha. Era la puerta de su casa, por ahí entraba él a la Bombonera.

Generoso, como siempre, lo donó al Museo de la Pasión Boquense, un regalo para todos los fanáticos de Boca. Entonces dijo: “Gracias a los hinchas Boca es tan grande”. Y se fue.

El último 10

CABJ

GRACIAS
POR
TODO
PEDRO
10
CONTROL

"Yo amo a este club. Cuando me pongo la camiseta de Boca no me pongo cualquier camiseta, me pongo mi camiseta (...) La Bombonera es como el jardín de mi casa: no puedo jugar en otro lado".

El arte de amar

De dcha a Izq: Navone, Perez Celis y Maccio.

Un mito y tres pintores contemporáneos. El mito, Benito Quinquela Martín. Los tres pintores: Rómulo Maccio, Pérez Celis y Gustavo Navone. Todos ellos, obstinados en hacer de la Bombonera una obra de arte.

En las paredes externas del estadio, sobre los nuevos palcos, como si fueran tatuajes, los murales de Pérez Celis y de Rómulo Macció. Quietos, allí para siempre. La obra de Navone, en cambio, es nómade: la Bombonera es arte en movimiento; su imagen transita en exposiciones, en colecciones privadas, en museos.

En los tres, la pasión por Boca Juniors es entusiasmo y fanatismo. Y también una huella de colores trazada en las paredes del estadio o en una tela. El arte es otra de las formas que encuentra la mitad más uno para celebrar su amor por Boca.

Quinquela fue quien inventó el barrio de la Boca en una tela. En el hall de entrada de la Bombonera dejó un mural para siempre: el barco sueco con los colores azul y amarillo en su bandera y obreros cargando bolsas con la camiseta de Boca pintada en la piel. Es la fundación cromática de la mitad más uno, la definición que hace del azul y del amarillo colores sacros tanto para el arte como para el fútbol.

Rómulo Maccio pintó catorce murales. Son catorce escenas de la historia y la vida de Boca Juniors. Están los inmigrantes, el barco sueco que trajo los colores, las inundaciones del barrio; están Quinquela Martín y Juan de Dios Filiberto y los ángeles y demonios que rodean la pelota; está el camión con la gente, una orquesta de tango en la que canta Maradona y el homenaje al jugador N° 12. Los murales están pintados entre las columnas que sostienen los palcos. Es fuerza y expresión: el mundo Boca todo entero hecho arte.

Mitos y destinos se llaman los que hizo Peréz Celis: mosaicos venecianos y bronce sobre concreto, una obra para unir los nuevos palcos con la vieja Bombonera. En cada estrella una cara, y el texto que anuncia que la gloria es eterna: "Todos son inolvidables, aquellos, estos y los que vendrán". Murió en agosto de 2008. Su obra está esparcida por diferentes museos del mundo. Sus restos fueron velados en el hall central de la Bombonera. Su fanatismo quedó para siempre sobre las paredes del "Templo".

Gustavo Navone es el tercer artista plástico de esta lista de tres imprescindibles. Porque es "el pintor de la Bombonera"; así le dicen y así lo conocen en la Argentina y en los lugares del mundo a donde viajó su pintura. Dice que el padre lo llevaba a la Bombonera de chiquito. Desde entonces se quedó en ella para hacer del estadio una obra de arte. La Bombonera es inabarcable y gigantesca, insiste. Por ello la pinta una y otra vez, de noche, en el río, incandescente o con apenas unas pocas líneas. Trabajó al lado de Pérez Celis en la realización del mural; llevó sus cuadros de la Bombonera a París y muchos de ellos están repartidos en las paredes de coleccionistas de distintas partes del mundo. Es arquitecto y artista plástico. Transita del croquis al color y del color al mural. Con Navone la Bombonera tiene quien la pinte siempre.

El Museo

Una parte de la Bombonera es el Museo de la Pasión Boquense. Es la historia, lo que fue, buena parte de la vida llamada Boca Juniros, está ahí. Se inauguró el 3 de abril de 2001 y fue el primer museo deportivo en Argentina. Están todas las camisetas y el nombre de todos los jugadores; hay una copa ganada en 1906 y el libro de la primera gira europea de 1925. Están las estatuas de Maradona, de Riquelme, de Palermo; están los discos de pasta dedicados a Boca y las imágenes de todos los campeonatos ganados. En sus entrañas, la Bombonera guarda su historia viva de pasión y de gloria.

La copa de 1906.

Las copas de la gira europea de 1925 y de 1930.

El museo cuenta en sus paredes, una historia de las camisetas de Boca.

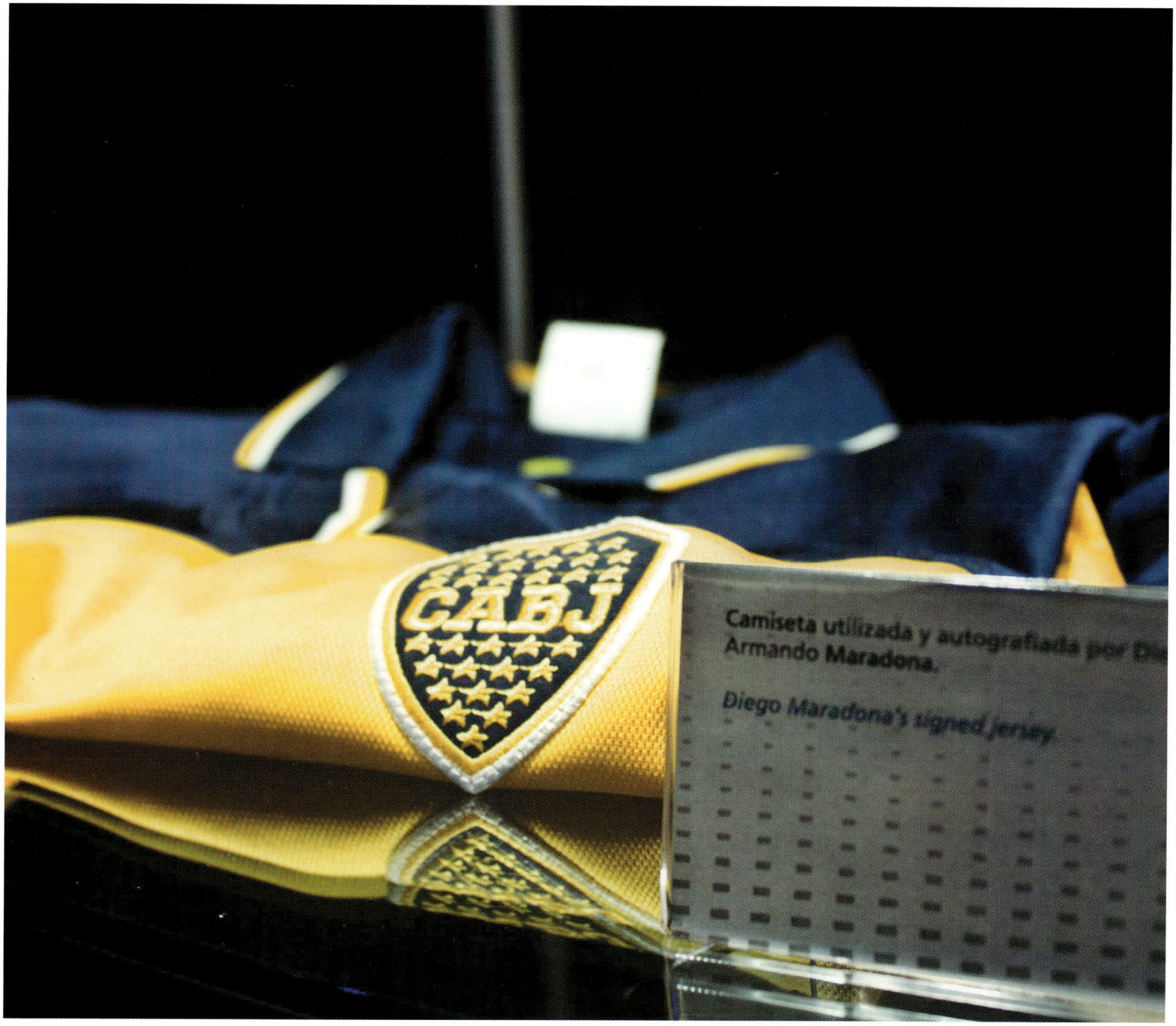

Una de las camisetas que usó el Diego en su regreso a Boca.

Las estatuas de Riquelme y Palermo: Román, con la pelota en el pie y pensando; el "Loco", gritando un gol. Como siempre.

Índice

Este libro está dedicado a Marcelo Zanelli y, en él,
a todos los hinchas fanáticos de Boca Juniors.

Coordinación editorial: Gustavo Varela

Redacción: Mariano Caruso

Fotografías: Archivo General de la Nación, Charli Love, Pablo Varela, Pablo González, Archivo fotográfico revista *Pronto*, Agencia Nacional de Noticias Telam, Carlos Fossatti.

Diseño gráfico: Carlos Fossatti

Agradecimientos
Al Club Atlético Boca Juniors y en particular a su Vicepresidente, Oscar Moscariello, al Arq. Mariano Heck y al Arq. Juan Frisia, por su generosidad y su buena disposición para abrirnos las puestas de la Bombonera.
A la revista *Pronto* por haber puesto a nuestra disposición su archivo fotográfico.
Al artista plástico Arq. Gustavo Navone (artnavone@gmail.com), por facilitarnos las imágenes de sus obras.
A Javier Coluccio, por ofrecernos su archivo personal y su asesoramiento desinteresado.

La Bombonera, Libro de oro
es editado por EDICIONES LEA S.A.
Av. Dorrego 330 C1414CJQ
Ciudad de Buenos Aires, Argentina.
E-mail: info@edicioneslea.com
Web: www.edicioneslea.com

ISBN 978-987-634-868-3

Queda hecho el depósito que establece la Ley 11.723.

Primera edición. Impreso en Argentina.
Esta edición se terminó de imprimir en mayo de 2013 en Punto Arte y Reproducciones S.A.

La Bombonera : libro de oro / coordinado por Gustavo Varela. - 1a ed. - Buenos Aires :
Ediciones Lea, 2013.
120 p. ; 23x24 cm. - (Testimonios visuales; 1)

ISBN 978-987-634-868-3

1. Historia del Fútbol Argentino. 2. Libros de Fotografías. I. Varela, Gustavo, coord.
CDD 796.330 982